Unterrichtsmaterialien
aus Forschung und Praxis

Herausgegeben von Angela Sandmann und Silvia Wenning

Unterrichtsentwicklung mit dem professionellen Anspruch der Schulpraxis und dem Blick auf aktuelle Erkenntnisse fachdidaktischer Forschung ist wertvoll und gewinnbringend. Für beide Seiten – für die Schulpraxis und die Forschung – wird handlungsorientiertes Wissen über die Komplexität und Realisierbarkeit von Unterrichtsvorhaben generiert. An der Universität Duisburg-Essen arbeiten biologiedidaktische Forschung und Schulpraxis seit vielen Jahren in der Unterrichtsentwicklung erfolgreich zusammen. Dabei profitieren Biologielehrerinnen und -lehrer von neuen Materialien und dem „Blick über den Tellerrand" hinaus. Die Fachdidaktik erhält die Chance Forschungsergebnisse an der Schulpraxis zu spiegeln und neue Erkenntnisse praxiswirksam werden zu lassen.

Aus der gemeinsamen Arbeit sind vielfältige innovative Materialien, Konzepte und Anregungen für den Biologieunterricht entstanden, die mit dieser Reihe für alle Lehrerinnen und Lehrer u.a. auch digital als E-Book verfügbar sind. Die Heftthemen streifen dabei die gesamte Unterrichtsvielfalt von der Exkursionsempfehlung, über Experimente- und Aufgabensammlungen bis hin zu Aufgabensequenzen und vollständigen Unterrichtsreihen. Alle Materialien sind ausführlich erprobt sowie in Arbeitskreisen und Fortbildungsveranstaltungen mit jungen und erfahrenen Lehrkräften diskutiert und optimiert worden.

Bei allen beteiligten Biologielehrerinnen und –lehrern möchten wir uns für die langjährige Zusammenarbeit bedanken und hoffen weiterhin auf anregende, kreative und produktive Zeiten.

Das Heft 8 „Lernen mit Comics – Aufgaben für den Biologieunterricht" entstand in Zusammenarbeit mit Frau Minela Krdzic, die hervorragend Comics zeichnen kann und im Rahmen einer Abschlussarbeit einen Comic zur Überwinterung von Tieren konzipierte und im Unterricht erprobte. Die Lernergebnisse und die Resonanz von Lehrkräften und Schülerinnen und Schülern waren so positiv, dass sie für uns weitere Comics zeichnete. So entstanden „Die Wirbeltierklassen", „Fisch oder Säugetier?" und „Nesthocker oder Nestflüchter?". Alle Comics wurden bereits im Unterricht eingesetzt und stießen auf sehr positive Resonanz. Interessant ist, dass sich bei allen Lernenden große Lerneffekte zeigen. Comics sind aber scheinbar besonders dazu geeignet, leistungsschwächere Schülerinnen und Schüler zu fördern. Vermutet wird, dass sie sich eher zutrauen einen Comic zu verstehen als einen Schulbuchtext, auch wenn der Inhalt nahezu identisch ist.

Mit „Theo und die Überwinterungsstrategien" und „Die Wirbeltierklassen" enthält das Heft zwei Comic-Reihen für drei bzw. fünf Unterrichtsstunden zur Überwinterung von Tieren und zu den Wirbeltierklassen. „Fisch oder Säugetier?" und „Nesthocker oder Nestflüchter?" sind zwei Kurz-Comics, die in Einzelstunden eingesetzt werden können. Alle Materialien enthalten die Aufgaben, Arbeitsblätter und Lösungen. Für die Kurz-Comics gibt es darüber hinaus eine schwarz-weiße Vorlage zur eigenen Gestaltung.

Comics nutzen Anthropomorphismen, die im Gegensatz zu früheren Vorstellungen nicht nur toleriert, sondern bewusst für das Lernen biologischer Sachverhalte eingesetzt werden. Der aktuelle fachdidaktische Stand sowie Hinweise für den konstruktiven Einsatz im Biologieunterricht sind ebenfalls im Heft enthalten.

Weiterführende, fachdidaktische Materialien für den Biologieunterricht finden Sie auf unseren Internetseiten: www.uni-due.de/biologiedidaktik.

Angela Sandmann   Silvia Wenning

Unterrichtsmaterialien aus Forschung und Praxis

Herausgeberinnen

Angela Sandmann, Silvia Wenning

Universität Duisburg-Essen
Fakultät für Biologie, Didaktik der Biologie,
Universitätsstr. 2, 45141 Essen

Lernen mit Comics - Aufgaben für den Biologieunterricht
1. Auflage: 2015

Autoren

Minela Krdzic

Silvia Wenning

Redaktion

Anja Cargill

Silvia Wenning

Zeichnungen

Minela Krdzic

Herstellung und Verlag

BoD - Books on Demand,
In den Tarpen 42
D-22848 Norderstedt

ISBN 978-3-7386-5207-9

Die Beiträge sind urheberrechtlich geschützt. Alle Rechte vorbehalten. Es ist ausdrücklich erwünscht, dass die Materialien im Unterricht eingesetzt und zu diesem Zweck bis Klassen- bzw. Kursstärke vervielfältigt werden.

Lernen mit Comics
Aufgaben für den Biologieunterricht

Inhalt   Seite

EINFÜHRUNG   5

M. Krdzic, S. Wenning

THEO UND DIE ÜBERWINTERUNGSSTRATEGIEN   7
EINFÜHRUNG, COMIC, AUFGABEN

M. Krdzic

DIE WIRBELTIERKLASSEN   15
EINFÜHRUNG, COMIC, AUFGABEN

M. Krdzic

FISCH ODER SÄUGETIER?   30
EINFÜHRUNG, COMIC, AUFGABEN

M. Krdzic

NESTHOCKER ODER NESTFLÜCHTER?   35
EINFÜHRUNG, COMIC, AUFGABEN

M. Krdzic

QUELLEN   39

AUTOREN UND HERAUSGEBER   40

Einführung

M. Krdzic, S. Wenning

Comics erfreuen sich bei ihrer Leserschaft großer Beliebtheit. Demgegenüber genießen sie nur geringe kulturelle Akzeptanz. In der Schule werden Comics eher selten eingesetzt, obwohl davon ausgegangen werden kann, dass Comics regelmäßig von über der Hälfte aller Schülerinnen und Schüler in allen Schichten und Schulformen gelesen werden.

Definition, Merkmale und Erscheinungsformen

„Comic" ist ein Begriff, der heute jedem geläufig ist. Eine eindeutige und einstimmige Definition kann jedoch nicht gegeben werden. Die Bandbreite unterschiedlicher Comics bringt es mit sich, dass nicht jedes Merkmal auf jeden Comic zutrifft und jeder Comic einmalig ist.

Der Begriff „Comic" leitet sich aus dem Englischen ab und bedeutet so viel wie „komisch" und „humoristisch", was auf die ersten Comics zurückzuführen ist. Da sich mittlerweile verschiedene Arten von Comics mit Sachinhalten etabliert haben, ist die Verwendung des Sammelbegriffs eher unpassend. Vielleicht haben sich deshalb unzählige Comic-Bezeichnungen wie Comic-Roman, -Reportage oder Graphic Novel entwickelt.

Im Gegensatz zum Cartoon, handelt es sich beim Comic um Geschichten in Bildern, welche sich aus zwei oder mehreren Bildern zusammensetzten. Verbales wird beim Comic in das Bild integriert. Dabei bedienen sich die Zeichner der für Comics als typisch angesehenen Sprech- oder Denkblasen.

Das Comic-Angebot wird unterteilt in drei Bereiche: Humor, Spannung und Information. Dabei zielen „Educational Comics" (Sachcomics) darauf ab, Informationen zu vermitteln, und haben eine erzieherische und allgemeinbildende Aufgabe. Sachcomics zielen nicht nur darauf ab zu unterhalten, sondern haben auch eine pädagogische Wirkungsabsicht, fördern die Gesundheit und Prävention und verbessern das Verständnis von Wissenschaft. Sie sollen Informationen der Naturwissenschaften bis hin zu politischen Inhalten vermitteln können (Hangartner, 2013). Sieve und Prechtl (2013) stellen klar, dass das Besondere an Sachcomics die nicht fiktionale Handlung mit der didaktischen Wirkungsabsicht ist.

Lernen mit Comics

Comics haben ein hohes Leserpotential. Ca. 90% der Kinder und Jugendlichen lesen Comics. Damit ist die Comic-Leserschaft größer als die Buch-Leserschaft. In den USA reicht der Einsatz von Educational Comics mittlerweile vom Vorschulalter bis zum Studium. Prof. Kakalios, ein Physikprofessor der University of Minnesota setzt selbst für seine Studierenden die selbstgeschriebenen Comics zur „Physik der Superheroes" mit großem Erfolg ein.

In Deutschland gibt es bis heute Vorbehalte gegen Comics. Sie gelten als triviale Unterhaltungsliteratur, die sich für die Vermittlung von Fachinformationen nicht eignet oder sogar falsche Vorstellungen wecken können. Pädagogen und Jugendbehörden vermuten, dass Comics zu verarmtem Sprachgebrauch und Aggressivität führen können. Wenn Comics im Unterricht überhaupt eingesetzt werden, werden sie als Einstieg genutzt, um Interesse zu wecken oder um Diskurse anzuregen, z.B. in der Evolutionsbiologie.

Der empirische Hintergrund zum Lernen mit Comics ist äußerst dürftig. Eine umfangreiche Studie in der Schweiz „Angewandte Narration: Sachcomics" der Hochschule Luzern für Design und Kunst beschäftigte sich intensiv über drei Jahre mit Sachcomics. Der Herausgeber des Ergebnisbandes „Wissen durch Bilder" leitet den Vorspann ein mit dem Satz: „ Die Vielfalt und Menge der Sachcomics steht einer praktisch nicht existenten Forschung gegenüber" (Hangartner et al., 2012).

Vom Lernen mit Bildelementen weiß man, dass dies oftmals erfolgreicher ist als reines Textlernen (Mayer, 2014). Comics stellen eine besondere Kombination von Text und Bild dar. Daher sind die Ergebnisse zum Text-Bild-Lernen für dieses Medium mit hybridem Charakter nicht direkt übertragbar.

In den Studien von Frau Lewalter (Lewalter, 1997) zeigt sich, dass Bilder und Animationen beim Lernen von Astronomie den Texten nicht immer überlegen sind. Allerdings zeigten sich Unterschiede bei Lernern mit geringen Vorkenntnissen, die von den Bildern ähnlich wie bei einer Studie von Sumfleth und Telgenbüscher (2000) stärker profitieren.

Im Fremdsprachenbereich gibt es eine empirische Untersuchung zum Interesse von Schülerinnen und Schülern an Comics, die zeigt, dass vor allem jüngere Schülerinnen und Schüler Comics präferieren. Interessant ist auch, dass die Kinder und Jugendlichen angeben, dass sie einen Comic besser verstehen als einen Schulbuchtext und ihr Zutrauen zum Verstehen größer ist als beim Schulbuch (Deane & Rumlich, 2013).

Sieve und Prechtl (2013) konnten für die Chemie zeigen, dass Comics leistungsschwachen Schülerinnen und Schülern helfen, sich durch die Kombination aus Text und Bild auch komplexere Inhalte vorzustellen. Durch Comics bzw. durch die Bildaneinanderreihung wird dem Inhalt die Komplexität genommen und die kognitive Belastung verringert. Dieses Prinzip der Segmentierung beschreiben auch Mayer & Pilegard (2014).

Schülerinnen und Schüler erfahren durch Comics eine affektive Bindung zum Lerngegenstand, die u.a. durch die in den Comics genutzten Anthropomorphismen hervorgerufen werden. Seit U. Gebhards „Dürfen Kinder Naturphänomene beseelen?" (Gebhard, 1990) wird ein Nebeneinander von fachlichen und anthropomorphen Darstellungen nicht nur toleriert, sondern konstruktiv für das Lernen genutzt. Studien zeigen, dass eine anthropomorphisierende Sprache das Lernen von biologischen Inhalten erleichtert und Kattmann geht sogar so weit zu sagen, dass man ohne anthropomorphe Vorstellungen nicht lernen kann. Daher sollten sie geschickt ausgewählt und genutzt werden, um das Lernen nachhaltig zu fördern (Kattmann, 2005).

Die im Heft genutzten Figuren bieten einen emotionalen Zugang zu den Akteuren und können genutzt werden, um die Anthropomorphismen zu thematisieren und die biologischen und anthropomorphen Eigenschaften gegenüber zu stellen und zu diskutieren.

Einsatzmöglichkeiten im Unterricht

Ein Comic stellt keinen Anspruch das Schulbuch zu ersetzen. Seine Aufgabe besteht darin, Wissen und Informationen auf eine andere Weise zu vermitteln und einen Baustein für das weitere Lernen mit dem Thema zu legen.

Comics werden im Unterricht insbesondere beim Unterrichtseinstieg genutzt. Ihr Einsatz ist im Kunst-, Englisch- und Deutschunterricht recht häufig, während er in den Naturwissenschaften und in der Mathematik eher wenig dokumentiert ist.

Im Biologieunterricht gibt es Comicgeschichten über Drogen, Sexualkunde, Mobbing und Gewalt sowie zu übertragbaren Infektionskrankheiten (Aids, Grippe).

Ob sich biologische Inhalte durch Comics sinnvoll unterrichten lassen und wie sich der Einsatz bildlicher Darstellung im Comic auf das Lernen auswirkt, ist bisher wenig untersucht. Daher wurde im Rahmen einer Staatsexamensarbeit von Frau Minela Krdzic unter der Leitung von Frau Silvia Wenning, eine Unterrichtsreihe mit Comics zur Überwinterung von Tieren in Klasse 6 entwickelt und erprobt. Ziel der Arbeit war es festzustellen, ob Comics sich auch zum Lernen eignen und Fachwissen in gleicher Weise vermitteln können, wie es Schulbücher oder andere Methoden und Medien tun.

Bei der Auswertung zeigten sich große Effekte in Bezug auf die Lernleistung. Die Kinder, die mit Comics lernten, hatten signifikant mehr dazu gelernt als die Kontrollgruppe, die mit einem Text gelernt hatte. Auch im Behaltenstest nach 5-6 Wochen waren die Schülerinnen und Schüler, die mit Comics gelernt hatten, noch signifikant besser.

Besonders effektiv waren die Comics bei den leistungsschwächeren Schülerinnen und Schülern. Sie lernten besonders viel dazu, sogar mehr als die leistungsstarken Schülerinnen und Schüler, die mit einem Text gelernt hatten.

Mit „Theo und die Überwinterungsstrategien" und „Die Wirbeltierklassen" enthält das Heft zwei Comic-Reihen für drei bzw. fünf Unterrichtsstunden zur Überwinterung von Tieren und den Wirbeltierklassen. „Fisch oder Säugetier?" und „Nesthocker oder Nestflüchter?" sind zwei Kurz-Comic, die in Einzelstunden eingesetzt werden können. Alle notwendigen Aufgaben, Arbeitsblätter und Lösungen sind enthalten. Der Einsatz im Unterricht wird jeweils beschrieben. Für die Kurz-Comics gibt es darüber hinaus eine schwarz-weiß Vorlage zur eigenen Gestaltung.

Theo und die Überwinterungsstrategien

M. Krdzic

Das Inhaltsfeld "Tiere und Pflanzen im Jahreslauf" des Kernlehrplans NRW (Biologie) bietet den inhaltlichen Schwerpunkt "Angepasstheit an die Jahresrhythmik", welche in den Klassenstufen fünf und sechs die Überwinterungsstrategien mit beinhalten.

Der Comic „Theo und die Überwinterungsstrategien" stellt fünf verschiedene Überwinterungsstrategien vor. Das altersgerechte Material soll die Schülerinnen und Schüler ansprechen und ihnen dabei helfen, die Überwinterungsstrategien zu unterscheiden. Der Comic besteht aus insgesamt drei Einzelcomics, welche jeweils in einer Unterrichtsstunde bearbeitet werden können. Mit Hilfe des gelesenen Comics kann die entsprechende Spalte auf dem Arbeitsblatt ausgefüllt werden. Der erste Comic handelt von der aktiven Überwinterung, der zweite von der Winterstarre und vom Winterschlaf und der letzte thematisiert Zug- und Standvögel. Nach der dritten Unterrichtsstunde sollte die Tabelle komplett ausgefüllt sein. Dank dieser Tabelle, die mit den wichtigsten Merkmalen und einigen Vertretern auszufüllen ist, können die Strategien im Anschluss miteinander verglichen werden. Die Tabelle dient als Übersicht über die behandelten Strategien und kann auch gut zur Wiederholung genutzt werden.

Mögliche Aufgabenstellung:

1. Lies dir den Comic „Theo und die Überwinterungsstrategien" leise durch.

2. Unterstreiche nun mit einem roten Stift die Überwinterungsstrategie(n) im gesamten Comic.

3. Fülle anschließend die Tabelle auf dem zweiten Arbeitsblatt mit Hilfe des Comics aus. Trage dazu die Überwinterungsstrategie(n), die Tiere sowie die Kennzeichen und Informationen dieser Strategie(n) in die Spalten ein.

4. Tausche dich schließlich mit deinem Tischnachbarn aus. Ergänze dabei die Tabelle, falls dein Nachbar/deine Nachbarin mehr Informationen eingetragen hat.

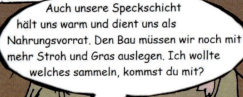

Die Überwinterungsstrategien

1. Während wir im Herbst im Laub spielen und uns auf den Schnee freuen, haben Tiere noch viel Arbeit vor sich. Sie können sich nicht einfach einen Schal und eine Jacke anziehen, sondern müssen selbst dafür sorgen, wie sie den kalten Winter überstehen.

Die aktive Überwinterung ist eine Form der Überwinterung von winteraktiven Tieren. Winteraktive Tiere bekommen schon im Herbst ein dichteres Fell, welches sie vor den kalten Wintertemperaturen schützt. Zusätzlich müssen sich winteraktive Tiere im Herbst eine Speckschicht anfressen. Dieser Winterspeck dient ihnen als Energiereserve und somit als Nahrungsvorrat, da im Winter weniger Nahrung aufgrund der Kälte und des Schnees zu finden ist. Zu den winteraktiven Tieren gehören Kaninchen und Rehe.

2. Einige Tierarten sind nicht winteraktiv. Während der kalten Jahreszeiten fallen sie in die sogenannte Winterstarre. Dafür suchen sie sich einen frostfreien Ort oder vergraben sich im Schlamm. Ihre Körpertemperatur sinkt dabei auf den Wert der Umgebung.

Diese Tiere nehmen in der Zeit der Winterstarre keine Nahrung zu sich und atmen sehr langsam. Auch das Herz schlägt nur wenige Male in der Minute. Durch das Herabsetzen der Körperfunktionen wird so wenig Energie wie nötig verbraucht, da keine neue Energie (durch Fressen) gewonnen werden kann. Frösche und Schnecken sind Beispiele für die Winterstarre.

Der Winterschlaf ist der Winterstarre ähnlich. Auch beim Winterschlaf fällt die Körpertemperatur auf wenige Grad über Null. Andere Lebensvorgänge, wie die Atmung, werden verlangsamt. Wie der Name schon sagt, schlafen Winterschläfer einige Monate in der Winterzeit und wachen im Frühling wieder auf. Sie leben während des Winters vom Fettvorrat, den sie sich bereits im Herbst angefressen haben. Ist es jedoch zu kalt und die Temperatur somit zu niedrig, so wacht das Tier auf und die Temperatur steigt wieder an. Das Aufwachen verbraucht jedoch viel von seinem Fettvorrat. Der Igel und die Fledermaus sind Winterschläfer und überwintern unter Laub, in Höhlen oder Baumhohlräumen.

3. Einen aufwendigen Weg dem kalten Winter zu entkommen haben Zugvögel. Zugvögel sind Vögel, welche in einem Jahr an verschiedenen Orten leben. Dabei fliegen sie mit vielen ihrer Artgenossen gemeinsam und bilden beim Fliegen die Form eines Daches, mit der Spitze nach vorn. Zugvögel fliegen sehr viele Kilometer in den Süden, um den Winter im Warmen zu verbringen. In welchem Monat Vögel in den Süden fliegen und auch die Dauer ist bei den Arten unterschiedlich. Der Storch zum Beispiel fliegt im September bis zur Spitze Südafrikas und bleibt dort bis April.

Nicht jeder Vogel ist ein Zugvogel. Vögel, welche nicht in den Süden fliegen und den Winter somit am selben Ort verbringen, heißen Standvögel. Standvögel müssen ihre Nahrung im Winter umstellen, da es im Winter schwierig ist, Nahrung zu finden. Damit unsere Standvögel auch im Winter Nahrung finden, stellen viele Menschen Futterhäuschen auf. Zu den Standvögeln zählt das Rotkehlchen, welches sich im Sommer von Insekten und im Winter von pflanzlicher Nahrung wie Beeren ernährt. An Futterhäuschen finden es zusätzlich Obst und Haferflocken.

Die Überwinterungsstrategien auf einem Blick

Fülle die Tabelle mit Hilfe des Comics aus. Trage dazu die Überwinterungsstrategie, die Tiere sowie die Kennzeichen und Informationen dieser Strategie in die Spalten ein.

Name der Überwinterungsstrategie	Tiere mit dieser Strategie, z.B.	Kennzeichen und Informationen zu dieser Strategie

Lösung: Die Überwinterungsstrategien auf einem Blick

Name der Überwinterungsstrategie	Tiere mit dieser Strategie, z.B.	Kennzeichen und Informationen zu dieser Strategie
Aktive Überwinterung	Rehe Kaninchen	- dichteres Fell - Speckschicht dient als Energiereserve (Nahrungsvorrat)
Winterstarre	Frösche Schnecken	- suchen frostfreien Ort oder vergraben sich im Schlamm - Körpertemperatur sinkt - nehmen keine Nahrung auf - atmen langsam, Herz schlägt wenige Male in der Minute
Winterschlaf	Igel Fledermaus	- Körpertemperatur sinkt auf wenige Grad über Null - Lebensvorgänge wie Atmung verlangsamt - schlafen im Winter und wachen im Frühling auf - leben vom Fettvorrat - können vor Kälte wach werden
Zugvögel	Storch	- fliegen im Winter in den Süden - Monat und Dauer ist bei den Arten unterschiedlich
Standvögel	Rotkehlchen	- verbringen Winter am selben Ort - müssen Nahrung umstellen: statt Insekten fressen sie pflanzliche Kost, Obst, Haferflocken

Die Wirbeltierklassen

M. Krdzic

Die Unterrichtsreihe zu den fünf Wirbeltierklassen ist ein grundlegendes Thema der fünften und sechsten Klassen und ist dem Inhaltsfeld „Tiere und Pflanzen in Lebensräumen" des Kernlehrplans NRW (Biologie) zuzuordnen. Die Reihe umfasst dabei neben den allgemeinen Merkmalen ebenfalls Charakteristika der einzelnen Wirbeltierklassen. Die Unterscheidung der Merkmale kann aufgrund von Überschneidungen bei Schülerinnen und Schülern zu Unsicherheiten führen.

Das vorliegende Comic-Material zu den fünf Wirbeltierklassen soll dabei helfen, alle Wirbeltierklassen mit ihren Merkmalen auf anschauliche Weise darzustellen. Das Material soll die Schülerinnen und Schüler ansprechen und ihnen dabei helfen, die Merkmale zu unterscheiden. Da sich das Material aus sechs Einzelcomics zusammensetzt, können ein bis zwei Comics in einer Unterrichtsstunde gelesen und die entsprechenden Übersichtstabellen ausgefüllt werden. Dank dieser Tabellen, die mit den wichtigsten Merkmalen auszufüllen sind, können die Wirbeltierklassen im Anschluss miteinander verglichen werden. Der erste Einzelcomic stellt dabei die Einführung zum Thema dar und gibt die allgemeinen Merkmale aller Wirbeltierklassen wieder. Die Informationen dazu werden in die erste Tabelle eingetragen. Die restlichen Einzelcomics haben die fünf Klassen zum Inhalt, für die jeweils eine Tabelle zum Ausfüllen vorgesehen ist. Als Hilfestellung oder als Selbstkontrolle dient die Karte „Selbstkontrolle". Auf dieser befinden sich alle einzusetzenden Begriffe in einer ungeordneten Reihenfolge.

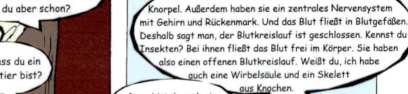

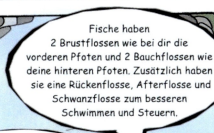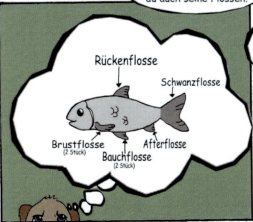

Aufgabe: Wirbeltiere

Fülle die Tabelle mit Hilfe des Comics aus. Trage dazu die Merkmale der Wirbeltiere in die Spalten ein, d.h. die Merkmale, die sich auf alle Klassen beziehen.

Merkmale	Wirbeltiere (Die Tabelle gilt für alle Wirbeltierklassen)
Skelett	
Nervensystem	
Blutkreislauf	
Körperteile & Gliedmaßen	

Wie viele Wirbeltierklassen gibt es und wie heißen die Klassen?

_____
_____
_____
_____
_____

Aufgabe: Wirbeltierklassen

Fülle die Tabellen für alle Wirbeltierklassen mit Hilfe des Comics aus. Trage dazu die Merkmale jeder einzelnen Klasse in die Spalten ein.

1. Wirbeltierklasse: Säugetiere

Merkmale		
Körperbedeckung		
Atmung		
Eiablage	Ja	Nein
Brutfürsorge		
Körpertemperatur		

2. Wirbeltierklasse: Vögel

Merkmale		
Körperbedeckung		
Atmung		
Eiablage	Ja	Nein
Brutfürsorge		
Körpertemperatur		

3. Wirbeltierklasse: Fische

Merkmale		
Körperbedeckung		
Atmung		
Eiablage	Ja	Nein
Brutfürsorge		
Körpertemperatur		

4. Wirbeltierklasse: Amphibien

Merkmale		
Körperbedeckung		
Atmung		
Eiablage	Ja	Nein
Brutfürsorge		
Körpertemperatur		

5. Wirbeltierklasse: Reptilien

Merkmale		
Körperbedeckung		
Atmung		
Eiablage	Ja	Nein
Brutfürsorge		
Körpertemperatur		

Hilfe: Selbstkontrolle

Begriffe, die in deiner Tabelle stehen sollten:

(Die Begriffe sind nicht geordnet.)

wechselwarm / Fell bzw. Haare / Wirbelsäule und Skelett aus Knochen oder Knorpel / gleichwarm / Lunge / zentrales Nervensystem mit Gehirn und Rückenmark / keine Brutfürsorge / Lunge / wechselwarm / Schuppen / brüten und versorgen / geschlossen / Kopf, Körper und 4 Gliedmaßen / Federn / Kiemen / Säugetiere / wechselwarm / Vögel / keine Brutfürsorge / Fische / Lunge mit Luftsäcken / Amphibien / Reptilien / säugen / gleichwarm / keine Brutfürsorge / glatt und feucht / Kiemen, später Lungen- und Hautatmung / Hornschuppen

Lösung: Wirbeltiere

Merkmale	Wirbeltiere (Die Tabelle gilt für alle 5 Wirbeltierklassen)
Skelett	Wirbelsäule und Skelett aus Knochen oder Knorpel
Nervensystem	Zentrales Nervensystem mit Gehirn und Rückenmark
Blutkreislauf	geschlossen
Körperteile & Gliedmaßen	Kopf, Körper und 4 Gliedmaßen
Wirbeltierklassen	1. Säugetiere 4. Amphibien 2. Vögel 5. Reptilien 3. Fische

Lösung: Wirbeltierklassen

1. Wirbeltierklasse: Säugetiere

Merkmale	
Körperbedeckung	Fell bzw. Haaren
Atmung	Lunge
Eiablage	Nein
Brutfürsorge	säugen
Körpertemperatur	gleichwarm

2. Wirbeltierklasse: Vögel

Merkmale	
Körperbedeckung	Federn
Atmung	Lunge mit Luftsäcken
Eiablage	Ja
Brutfürsorge	brüten und versorgen
Körpertemperatur	gleichwarm

3. Wirbeltierklasse: Fische

Merkmale	
Körperbedeckung	Schuppen
Atmung	Kiemen
Eiablage	Ja
Brutfürsorge	keine Brutfürsorge
Körpertemperatur	wechselwarm

4. Wirbeltierklasse: Amphibien

Merkmale	
Körperbedeckung	glatt und feucht
Atmung	Kiemen-, später Lungen- und Hautatmung
Eiablage	Ja
Brutfürsorge	keine Brutfürsorge
Körpertemperatur	wechselwarm

5. Wirbeltierklasse: Reptilien

Merkmale	
Körperbedeckung	Hornschuppen
Atmung	Lunge
Eiablage	Ja
Brutfürsorge	keine Brutfürsorge
Körpertemperatur	wechselwarm

Die Wirbeltierklassen

Wirbeltiere

Wirbeltiere sind Tiere mit einer Wirbelsäule und einem Skelett aus Knochen oder Knorpel. Sie besitzen ein zentrales Nervensystem mit Gehirn und Rückenmark. Ihr Blutkreislauf ist geschlossen. Das bedeutet, dass ihr Blut in Blutgefäßen fließt. Insekten oder aber auch Tiere wie Schnecken gehören nicht zu den Wirbeltieren und haben somit kein knöcheriges Skelett und keinen geschlossenen Blutkreislauf. Der Körper der Wirbeltiere besteht aus Kopf, Körper und vier Gliedmaßen (z.B. zwei Arme und zwei Beine beim Menschen). Es gibt insgesamt fünf Wirbeltierklassen: Säugetiere, Vögel, Fische, Amphibien und Reptilien.

Wirbeltierklassen

1. Säugetiere

Die Klasse der Säugetiere ist die wohl bekannteste Wirbeltierklasse. Zu dieser gehören auch wir Menschen. Säugetiere sind lebendgebärend. Das bedeutet, dass sich ihre Jungen (Babys) im Mutterleib entwickeln und nicht im Ei zur Welt kommen. Nach der Geburt werde die Säugetierjungen mit Muttermilch ernährt. Das Füttern der Jungen mit Muttermilch wird auch als Säugen bezeichnet, daher haben sie ihren Namen „Säugetiere". Die anderen Wirbeltierklassen haben keine Zitzen zum Säugen der Jungen. Ein weiteres Merkmal der Säugetiere ist ihre Behaarung. Im Gegensatz zu den anderen Wirbeltierklassen besitzen sie Haare bzw. Fell als Körperbedeckung, welche man bei uns Menschen an vielen Körperstellen kaum sieht. Säugetiere besitzen eine Lunge zur Atmung. Außerdem gehören sie zu den gleichwarmen Tieren. Gleichwarme Tiere haben eine konstante Körpertemperatur, welche also nicht schwankt. Zu den Säugetieren gehören zum Beispiel Menschen, Hunde, Katzen, Kühe und Ziegen.

2. Vögel

Vögel sind ebenfalls eine Klasse der Wirbeltiere und lassen sich durch ihre Merkmale von den anderen Klassen gut unterscheiden. Zu ihren Merkmalen gehört ihr Federkleid, welches sehr bunt und ausgefallen aussehen kann. Sie haben 2 Beine und 2 Flügel mit denen sie meistens fliegen können. Ihre Lunge dient zur Atmung und besitzt viele Luftsäcke, welche beim Fliegen wichtig sind. Zusätzlich haben Vögel einen Schnabel. Die Jungen der Vögel werden als Küken bezeichnet. Sie Schlüpfen aus Eiern, welche zuvor im Nest ausgebrütet und dann versorgt werden. Vögel sind wie auch Säugetiere gleichwarm und haben daher eine konstante Körpertemperatur. Hühner, Enten oder Schwalben sind Beispiele für diese Klasse.

3. Fische

Eine weitere Wirbeltierklasse sind die Fische. Fische leben im Wasser und besitzen somit Kiemen, um unter Wasser atmen zu können. Zur Fortbewegung nutzen sie ihre Flossen. Sie besitzen zwei Brustflossen, zwei Bauchflossen und jeweils eine Rückenflosse, eine Schwanzflosse und eine Afterflosse. Fast alle Fische schlüpfen aus Eiern, welche im Wasser abgelegt und danach von männlichen Fischen befruchtet werden. Fische betreiben keine Brutfürsorge. Das bedeutet, dass die Jungen nach dem Schlüpfen keine Pflege benötigen und sich alleine versorgen. Die meisten Fische haben ein Knochenskelett, Schuppen und eine Schwimmblase, die sie in einer bestimmten Wassertiefe halten kann. Fische sind nicht gleichwarm und werden dadurch als wechselwarme Tiere bezeichnet. Ihre Körpertemperatur schwankt daher mit der Temperatur des Wassers. Ein Beispiel für diese Klasse ist der Goldfisch.

4. Amphibien

Amphibien sind eine Wirbeltierklasse, welche am Land und im Wasser lebt. Nach dem Schlüpfen aus dem Ei sind Amphibien selbstständig. Die Elterntiere betreiben wie auch Fische daher keine Brutfürsorge. Außerdem durchlaufen die Jungen, welche als Larven bezeichnet werden, eine Metamorphose (Verwandlung). Ihr Körper verändert sich dabei stark und sieht den Elterntieren vor der Metamorphose nicht ähnlich. Ein Beispiel ist die Kaulquappe, welche sich zum Frosch entwickelt. Da Larven im Wasser geboren werden und im Wasser leben, besitzen sie vor der Metamorphose wie Fische Kiemen zur Atmung. Nach der Metamorphose besitzen sie jedoch eine Lunge und leben danach meist an Land. Amphibien können aber auch mit Hilfe ihrer Haut atmen. Die nackte Schleimschicht der Amphibien ist feucht, also ohne Schuppen, Haare oder Federn. Ihre Körpertemperatur ist nicht konstant, daher gehören sie auch zu den wechselwarmen Tieren. Zu den Amphibien gehören unter anderem der Frosch und der Teichmolch.

5. Reptilien

Zu der letzten Wirbeltierklasse gehören Reptilien. Reptilien besitzen im Gegensatz zu Amphibien eine trockene Körperoberfläche, welche mit Hornschuppen bedeckt ist. Ihre Jungen schlüpfen meistens aus Eiern, welche jedoch keine Metamorphose durchlaufen. Auch Reptilien betreiben wie Fische und Amphibien keine Brutfürsorge. Reptilien leben an Land und besitzen daher eine Lunge zur Atmung. Sie sind ebenfalls wechselwarm, daher sieht man sie oft in der Sonne liegen, um ihre Körpertemperatur zu erhöhen. Schildkröten und Eidechsen sind Reptilienbeispiele.

Fisch oder Säugetier?

M. Krdzic

Das Inhaltsfeld „Tiere und Pflanzen in Lebensräumen" des Kernlehrplans NRW (Biologie) beinhaltet das Thema „Wirbeltierklassen", welches in Klasse fünf oder sechs behandelt wird. Im Anschluss an die Unterrichtsreihe eignet sich eine Unterrichtsstunde, welche den Delfin als spezielles Säugetier darstellt.

Der Comic „Fisch oder Säugetier?" kann die Unterrichtsreihe „Wirbeltierklassen", welche ebenfalls mit dem sechsseitigen Comic „Die Wirbeltierklassen" behandelt werden kann, schülergerecht abschließen. Bevor dieser Comic im Unterricht eingesetzt wird, kann überprüft werden, wie viele Schülerinnen und Schüler den Delfin für einen Fisch halten. Die Schüleranzahl zeigt, dass es wichtig ist, spezielle Wirbeltiere im Unterricht separat zu behandeln, zumal der Delfin ein sehr beliebtes Tier bei Schülerinnen und Schülern ist. Für die Bearbeitung des Themas steht neben dem Comic ein Arbeitsblatt mit einer kurzen Tabelle zur Verfügung. Die von den Schülerinnen und Schülern ausgefüllte Tabelle stellt eine Gegenüberstellung von Fisch und Säugetier dar.

Das Material kann ebenfalls für eine Vertretungsstunde genutzt werden. Der Comic und die Tabelle sind schnell gelesen und ausgefüllt. Stehen 60 Minuten zur Verfügung, kann eine Plenumsdiskussion im Anschluss begonnen werden, welche weitere spezielle Wirbeltiere wie das Schnabeltier aufgreift.

Zusätzlich zu dem Comic-Material ist ein entsprechender Lehrtext vorhanden, welcher die gleichen Informationen beinhaltet. Das Material kann in zwei unterschiedlichen Klassen behandelt werden, um Schlüsse über die Mitarbeit und die Ergebnisse hinsichtlich Comic bzw. Lehrtext ziehen zu können.

Fisch oder Säugetier?

Fische haben Kiemen, um unter Wasser atmen zu können. Delfine haben keine Kiemen, sondern eine Lunge wie Menschen. Sie müssen daher an die Wasseroberfläche schwimmen und Luft holen. Die Luft holen sie mit dem Blasloch am Kopf.

Ein weiterer Unterschied zwischen Fischen und Delfinen ist der, dass Babyfische aus Eiern schlüpfen, während Delfine lebendgebärend sind. Das bedeutet, dass Delfine nicht wie viele Fische im Ei zur Welt kommen. Im Gegensatz zu Fischen betreiben Delfine außerdem Brutpflege. Delfine kümmern sich somit um ihre Jungen, bis sie groß genug sind. Die Jungen werden dabei gesäugt, also mit Muttermilch gefüttert. Delfine gehören deshalb nicht der Klasse „Fische", sondern der Klasse „Säugetiere" an.

Ein weiteres Merkmal welches Fische und Delfine unterscheidet ist, dass Fische wechselwarm sind und Delfine nicht. Delfine sind gleichwarm, ihre Körpertemperatur schwankt daher nicht mit der Temperatur des Wassers.

Auch Wale sind Säugetiere und keine Fische, da sie gleichwarm sind, eine Lunge zur Atmung haben, ihre Jungen lebend und nicht im Ei zur Welt kommen und diese gesäugt werden.

Aufgabe: Fisch oder Säugetier?

Fülle die Tabelle mit Hilfe des Comics aus.

Führe anschließend die zwei Sätze unter der Tabelle fort.

	Fische		Säugetiere	
Atmung				
Eiablage	Ja	Nein	Ja	Nein
Brutpflege	Ja	Nein	Ja	Nein
Körpertemperatur				

1. Der Delfin ist ein …

   _____

2. Wale sind …

   _____

Lösung: Fisch oder Säugetier?

	Fische	**Säugetiere**
Atmung	Kiemen	Lunge (Blasloch am Kopf)
Eiablage	Ja	Nein (lebendgebärend)
Brutpflege	Nein	Ja (säugen)
Körpertemperatur	wechselwarm	gleichwarm

1. Der Delfin ist ein **Säugetier**.
2. Wale sind **Säugetiere**.

Nesthocker oder Nestflüchter?

M. Krdzic

In Klasse fünf und sechs werden die sechs Wirbeltierklassen, welche unter das Inhaltsfeld „Tiere und Pflanzen in Lebensräumen" des Kernlehrplans NRW (Biologie) fallen, behandelt. Die Unterrichtsreihe beinhaltet auch die Behandlung des kleinen Themas „Nesthocker und Nestflüchter".

Der Comic „Nesthocker oder Nestflüchter" kann genutzt werden, um dieses Thema altersgerecht im Unterricht zu bearbeiten. Gleichzeitig kann der Comic die Unterrichtsreihe „Wirbeltierklassen" abschließen. Der Comic ist so gestaltet, dass die Schülerinnen und Schüler durch die Bilder angesprochen werden und zugleich viele bekannte Tiere den Begriffen zuordnen können. Dies geschieht mit Hilfe des Arbeitsblattes, welches eine Tabelle zum Ankreuzen beinhaltet.

Das bunte Material eignet sich ebenfalls für eine 45-Minütige Vertretungsstunde, da der Comic und die Tabelle schnell gelesen und ausgefüllt sind. Ist die Klasse schneller oder stehen 60 Minuten zur Verfügung, kann eine Plenumsdiskussion begonnen werden, in der weitere Nesthocker und Nestflüchter genannt werden, die von den Schülerinnen und Schülern zu geordnet werden sollen.

Neben dem Comic-Material ist ein entsprechender Lehrtext vorhanden, welcher die gleichen Informationen beinhaltet. Das Material kann in zwei unterschiedlichen Klassen behandelt werden, um Schlüsse über die Mitarbeit und die Ergebnisse hinsichtlich Comic bzw. Text ziehen zu können.

Nesthocker oder Nestflüchter?

Tierbabys können in Nesthocker und Nestflüchter unterschieden werden. Nesthocker sind Tierbabys, welche blind, taub und ohne Haare oder Federn zur Welt kommen. Dadurch, dass sie blind und taub sind, sind sie sehr auf die Hilfe ihrer Eltern angewiesen. Mäuse, Eichhörnchen, Hunde, Katzen sowie viele Vogelarten wie das Rotkehlchen sind Nesthocker. Nestflüchter sind hingegen Tierbabys, die mit Fell oder Federn zur Welt kommen. Sie können im Gegensatz zu Nesthockern hören und sehen. Das Laufen klappt ebenfalls kurz nach ihrer Geburt. Zu den Nestflüchtern gehören Rehe, Pferde, Kühe aber auch Vögel wie Enten oder Hühner.

Aufgabe: Nesthocker oder Nestflüchter?

Kreuze das richtige Feld an und nenne jeweils 5 Beispiele aus dem Comic. Kennst du noch mehr Beispiele? Schreibe sie dazu.

	Nesthocker	Nestflüchter
Sie sind nach der Geburt / dem Schlüpfen taub.		
Sie kommen mit Haaren / Federn zur Welt.		
Sie haben nach der Geburt / dem Schlüpfen keine Haare oder Federn.		
Sie können kurz nach der Geburt laufen.		
Sie sind nach der Geburt / dem Schlüpfen blind.		
Beispiele		

Quellen

Bühring, U., & Schwender, C. (2007). *Lust auf Lesen: Lesemotivierende Gestaltung technischer Dokumentation.* Tekom-Hochschulschriften: Bd. 15. Lübeck: Schmidt-Römhild.

Dean, N. & Rumlich, D. (2013). *Using comics in the classroom.* In: Eisenmann, Hempel et al. (Hg.) 2013 – Medien und Interkulturalität im Fremdsprachenunterricht Duisburg, Universitätsverlag Rhein-Ruhr, 183-203

Dolle-Weinkauff, B., & Doderer, K. (1990). *Comics: Geschichte einer populären Literaturform in Deutschland seit 1945.* Weinheim: Beltz.

Gebhard, u. (1990) *Dürfen Kinder Naturphänomene beseelen?* Unterricht Biologie, 14 (153), 38-42

Gerstner, E. (2003). *Superheroes make physics fun.* news@nature. doi:10.1038/news030310-3.

Grünewald, D. (2000). *Comics. Grundlagen der Medienkommunikation: Vol. 8.* Tübingen: Niemeyer.

Hangartner, U., & Keller, Felix, Oechslin, Dorothea (Eds.). (2012). *Kultur- und Medientheorie. Wissen durch Bilder: Sachcomics als Medien von Bildung und Information* (1., Aufl). Bielefeld: transcript.

Kakalios, J. (2005). *The physics of superheroes* (1st ed.). New York, N.Y.: Gotham Books.

Kattmann, U. (2005). *Lernen mit anthropomorphen Vorstellungen?* Unterricht Biologie, 11, 165-174.

Levie, W.H. & Lentz, R. (1982). *Effect of text illustrations: a review of research.* Education and Communication Technology Journal, 30, 195-232.

Lewalter, D. (1997). *Lernen mit Bildern und Animationen.* Band 2. Münster, Waxmann.

Mallia, G. (2007). *Learning from the Sequence: The Use of Comics in Instruction.* Retrieved from http://www.english.ufl.edu/imagetext/archives/v3_3/mallia/.

Mayer, R.E. (2005). *The Cambridge handbook of multimedia learning.* Cambridge Handbooks in Psychology

Sieve, B., & Prechtl, M. (2013). *Comics und Bildergeschichten: Chancen für den Chemieunterricht.* Naturwissenschaften im Unterricht - Chemie, 24(133), 2–7.

Sumfleth, E. & Telgenbüscher, L. (2000). *Zum Einfluss von Bildmerkmalen und Fragen zum Bild beim Chemielernen mit Hilfe von Bildern - Beispiel Massen- spektroskopie.* Zeitschrift für Didaktik der Naturwissenschaften, 6, 59–78.

Autoren und Herausgeber

Minela Krdzic
Werner-von-Siemens Realschule
Düsseldorf

hat die Fächer Biologie und Mathematik für das Lehramt an Haupt-, Real- und Gesamtschulen an der Universität Duisburg-Essen studiert und ist seit November 2014 als Referendarin an der Werner-von-Siemens Realschule tätig.

Prof. Dr. Angela Sandmann
Didaktik der Biologie
Universität Duisburg-Essen

hat Biologie und Chemie auf Lehramt studiert und in der Didaktik der Biologie promoviert. Sie arbeitete am Leibniz-Institut für die Pädagogik der Naturwissenschaften und Mathematik (IPN) in Kiel in verschiedenen Forschungsprojekten sowie an der Universität Dortmund. Seit 2005 ist sie Professorin für die Didaktik der Biologie an der Universität Duisburg-Essen und hier in Projekten wie „nwu-essen", „Biologie im Kontext", „Ganz In" und in der Lehrerfortbildung engagiert.

Silvia Wenning
Didaktik der Biologie
Universität Duisburg-Essen

hat Biologie und Physik für das Lehramt an Gymnasien und Gesamtschulen studiert. Sie arbeitete als Moderatorin in der staatlichen Lehrerfortbildung und in Unterrichtsentwicklungs- und Lehrplangruppen des Landes NRW. Seit 2008 ist sie wissenschaftliche Mitarbeiterin in der Arbeitsgruppe der Didaktik der Biologie an der Universität Duisburg-Essen und koordiniert hier das Projekt „Bio-innovativ".